마음에 시간을 담다

이은미 지음

한슬

마음에 시간을 담다

발행일 : 2025년 5월 2일
지은이 : 이은미
펴낸 곳 : 윤슬그림책
책 가격 : 18,000원
ISBN: 979-11-94645-12-2

주소 : 경기도 포천시 송우리 솔모루로3번길 52-13
전화번호 : 010-3048-4897
이메일 : mi2241@naver.com
블로그 : https://blog.naver.com/mi2241
오픈 채팅방 : https://open.kakao.com/o/gVgovRgd

"삶을 시로 들여다보는 연습.
당신의 마음에도 조용한 시 한 편이 머무르기를."

마음에
시간을 담다

말 없이 머물던 감정의 여백

이은미 지음

한국미래평생교육원장
오색그림책방 운영
윤슬그림책출판사 대표
한국작가협회 & 한국자서전협회 부회장
그림책심리성장연구소 경기1지부장

그림책을 통해 사람들의 감정을 치유하고 창의적인 자기 표현을
돕는 책쓰기 전문 작가, 이은미입니다.

프롤로그

그 사이, 마음이 있었습니다.
하루하루가 너무 빨라
마음이 따라가지 못 하는 날들이 있습니다.
한참을 지나고서야
그 때의 표정, 그 때의 햇살,그 때의 내가
천천히 마음에 내려 앉습니다.

이 시집은 그렇게 늦게 도착한 감정들에 대해 씁니다.

눈빛과 눈빛 사이.
계절과 계절 사이,
말과 말 사이.

그 한 칸의 여백에 머물렀던 모든 것들을 기억합니다.

목차

1장
시간에 새겨진 흔적

참아낸 시간도 봄이었다
묵묵히 세는 계절
책갈피에 스민 시간
흔적없이 살며시
텅 빈 공간에 머문 흔적

참아낸 시간도 봄이었다

봄바람 불어오면
잠 깬 꽃들 속삭이고

연두빛 새싹들 기지개 켜고
개울물 반짝이며 춤을 추네

봄이 오기까지
긴 겨울 견뎌야 했지
찬바람 속에서 뿌리 내리고
애써 꺾이지 않으려 했지

비바람에 흔들리는 꽃잎처럼
마음 한구석은 시리지만
언제나 그래왔듯

묵묵히
피어날 날 그때 기다리네

분홍빛 벚꽃 하늘을 수놓고
노란 개나리 길을 비추면

그제야 알겠지
참아낸 시간도 봄이었다는 것을

묵묵히 세는 계절

오래된 시간의 어깨 위에
구름이 기대어 쉰다

바람은 능선을 쓰다듬으며
낡은 노래를 흥얼거린다

돌 하나, 나무 한 그루,
오래 그 자리에 서서
흐르는 것들 바라보다
움직이지 않는 법을 배운다

비를 머금고
눈을 이고
햇살 품으며
묵묵히 계절을 세는 산

산을 바라보다가
문득 깨닫는다

말없이 높은 것들이
가장 깊은 것을 안고 있음을

책갈피에 스민 시간

책갈피 사이로 흐르는 시간
책장 넘길 때마다
낡은 햇살이 쌓인다

손끝에 머문 한 조각 단어
마음의 강으로 스며들고
눈빛 속에 작은 별 하나 떠오른다

문장 사이를 걸으면
시간은 느리게 흐르고
잊고 있던 감정들이
책갈피 사이에서 다시 숨 쉰다

어느 날, 바람
어느 밤, 눈물
그 모든 순간이
책 속에 고요히 잠든다

오늘도 한 장 넘기며
어제의 나를 만나고
내일의 나를 꿈꾼다

지금의 내가
조용히 피어난다

흔적 없이 살며시

손에 쥐면
사르르 녹아내리는
작고 투명한 온기

향기로운 숨결로
하루 먼지 씻어내고
거품 속 흘려보내는 기억들

많은 것 안고도
가볍게 머무는 작은 향기
손끝 타고 흐르는 부드러움
지친 마음도 함께 사라져

남은 건 맑은 빈자리

너는
조금씩 사라지며
나를 깨끗하게 만들지

이렇게
흔적 없이 살며시
아름다운 이별을

텅 빈 공간에 머문 흔적

말하지 않아도 흐르는 것이있다
비 내린 창가에 스며든 향기
숨결 사이로 번지는 온기처럼
침묵은 잔잔한 물결

고요한 호수 위 달빛처럼
보이지 않아도 감싸 안고
어떤 말보다 깊이 새겨져
귀 기울이지 않아도 들려온다

텅 빈 공간에 머문 흔적
멀리 날아간 새의 그림자처럼
침묵은 사라지지 않는다

그리움이 머물 때
마음이 지칠 때
가장 가까이 있는 것
그것은 따스한 침묵

말 없이 위로가 되는 것
그것이 침묵이었다

2장
추억은 별빛이 되어

추억은 별빛이 되어

추억이 피운 꽃

잎새 사이로 스며든 달빛

자유와 꿈, 그리고 기다림

빛나는 약속

추억은 별빛이 되어

소중한 추억은
밤하늘의 별빛처럼
멀어져도 사라지지 않는 빛

기억 속 미소
바람에 스친 속삭임
가슴속에서 조용히 반짝인다

구름이 가려도
지지 않는 달빛처럼
길을 잃지않게
조용히 비추인다

기쁨은 꽃잎 처럼
슬픔은 이슬되어
삶을 노래하는 선율

길을 걸어간다
어제의 빛을 품고
내일의 꿈을 향해

추억이 별빛이 되어
우리의 삶을 밝힌다

추억이 피운 꽃

아름다운 추억은
스쳐 간 바람이라 해도
그 결이 마음속 향기로 남아
햇살 어린 창가에 머문다

우리의 순간들은 흐르면서도
빛과 온기를 품은 채
가슴 깊이 자리한다

함께한 시간은 꽃이 되어
계절을 지나도 지지않고
더 짙은 향기로 피어난다

추억은 우리를 잇는 바람
멀리 있어도 곁을 맴돌고
보이지 않는 다리가 되어
언제나 곁에서 속삭인다

눈부신 순간들 별이 되어
밤하늘을 수놓고
그 빛이 닿을 때마다
따스하게 피어난다

추억은 자라 사랑이 되고
사랑은 모여 희망이 되듯
우리의 삶은 그렇게
꽃처럼 피어난다

잎새 사이로 스며든 달빛

조용히 스치는 바람
너의 마음이 실려온다

귀 기울이지 않아도
가만히 느껴지는 떨림

잎새 사이로 스며든 달빛
너와 나를 잇는 가느다란 선

크게 외치지 않아도 닿는 말
숨죽인 어둠 속 더 선명한 소리

속삭임은
침묵보다 조용하고
고백보다 깊다

너를 부르는 작은 소리
들리지 않아도 전해지는 것

그것이 속삭임
내 진심이
너에게 닿기를

책이 들려주는 소리

책나무였을 땐
바람을 품었고
종이였을 땐
침묵을 안았다

이제는
활자 가득한 몸을 펼쳐
세상 이야기를 안는다

손길 닿으면
잠든 문장이 숨 쉬고

눈길 머물면
고요한 단어　속삭인다

누군가는 바람처럼
누군가는 파도처럼 읽고

어떤 이는 눈물로
어떤 이는 꿈으로 읽는다

책은 말이 없으나
가장 깊은 목소리로
가장 멀리 흐른다

언젠가
그 속에 숨겨진
나의 이야기도
조용히 펼친다
어제의 별빛처럼

자유와 꿈, 그리고 기다림

끝을 알 수 없는 푸름 위로
작은 숨결 퍼져간다

새 한 마리 바람 타고
자유를 노래할 때
나는 보았다

구름이 남긴 흰 자취
그 아래 선명하게 보이는 꿈 하나

닿을 수 없어도
늘 바라보는 곳
넓고 깊은 그 자리

창공은
오르지 못한 날개마저
언젠가 비상을 품어준다

바람에 맡긴 마음
구름 사이 흐르는 기다림
창공은 언제나 열려 있었다

너의 넓은 마음처럼

빛나는 약속

너와 나
작은 손 마주 잡고
골목 끝 느티나무 아래
속삭인 약속

바람에 흔들려도
서로를 지켜준 서툰 진심
내 어깨에 기대어
조용히 속삭이던 너

꽃잎 사이 끼운
빛 바랜 편지처럼
우리의 약속도
결코 바래지 않는 맹세

오기만을 손꼽아 세던
나의 믿음은
창가에 맺힌 기다림
빗방울 되어 흐른다

한 계절, 또 한 계절
너와 나 함께한 웃음은
밤하늘에 심은 별처럼
여전히 반짝인다

시간이 흘러도
우리 마음속에 머물러
찬란한 빛으로 빛나리
너와 나의 약속

3장
기다림과 흐름

기다림의 온도

익어가는 시간

자유로운 흐름

비밀스러운 쉼터

마음이 그리는 세계

기다림의 온도

흙 속 어둠을 견디며
한 줌 햇살을 꿈꾸었다

비가 오면 비를 머금고
바람 불면 몸을 낮추며
묵묵히 기다렸다

손길 닿을 때까지
조금 더 깊이
조금 더 단단히
그리움도, 외로움도
내 안에서 익어가도록

어머니 거친 손으로
흙 속에서 꺼내 올릴 때
그 손길이 마치 태양 같아
서서히 따스함으로 채워졌다

마당 한쪽
모락모락 김이 서리는 저녁
오손 도손 가족 손에 들려
반으로 갈라질 때

속살은 노랗게 빛나고
단내가 퍼진다

아, 나는 알았다
더 깊이 묻힐수록
더 오래 기다릴수록

더 단단히, 더 따뜻이
익어가는 법을

오랜 인내 끝에 찾아온
단맛처럼 삶도 그렇게

익어가는 시간

오래된 마당 한쪽
햇살과 바람 품고
묵묵히 서 있는 항아리

여름 햇살 담고
가을 기다림 섞어
겨울 깊은 맛을 익혔다

시간이 돌고 돌아도
항아리는 말이 없다

속으로 익어가는 것들
조용히, 그러나 분명히
자신의 때를 안다

때로는 짠맛
때로는 깊은 단맛
그 안에서 익어가는
나의 시간, 나의 이야기

세월이 흐르고
마지막 한 모금이 되어
내 안에 쌓인 것들

어느새 그 맛을 알게 되겠지
비로소 나를 알아가겠지

자유로운 흐름

흐르는 듯 머물고
머무는 듯 흐른다

손으로 잡으려 하면
빠져나가고

마음으로 담으면
가득 찬다

바위에 부딪혀도
부서지지 않고

길이 없으면
스스로 길을 만든다

눈물이 되어
가슴 적시고

비가 되어
땅을 적시며

바다가 되어
세상을 품는다

모든 것 끌어안고
물처럼 살고 싶다
늘 자유로운 존재로

비밀스러운 쉼터

하루의 끝
피로에 물든 얼굴 내려놓고
나를 품어준다

차가운 침대 시트 속
몸을 녹이며
마음은 고요해지고

내 숨결을 받아
조용히, 천천히
꿈 속으로 이끈다

어머니 품처럼 부드럽고
어린 시절 따스함으로

하루의 무게가 베개 위로
고요히 스며든다

밤이 깊어갈수록
더욱 깊이 나를 감싸고
어둠 속에서 다시 태어난다

지친 마음 쉴 수 있는
나의 비밀스러운 쉼터

마음이 그리는 세계

아무것도 그려지지 않은
흰 도화지

세상이 손길을 기다리고
나의 마음도 그 위에
색을 묻히기 원한다

그 어떤 흔적도 없는 이 공간
끝없는 가능성을 품고 있다

어떤 선도, 어떤 색도
이곳에서 시작할 수 있어
참 좋다

때로는 두려워
손끝을 들지 못하고,
때로는 마음이 쏟아져
붓끝이 춤추듯 흘러간다

하지만
흰도화지는
언제나 나를 받아들이고
모든 것을 허락한다

실수도, 희망도
모든 감정이 살아 숨 쉰다

흰 도화지에
나의 존재를 완성해 간다

4장
어둠을 비추는 빛

길이 되는 어둠

남겨진 흔적

손끝의 온기

꺼지지 않는 불씨

조용한 힘

길이 되는 어둠

어둠이 나를 감쌀 때
세상은 조용히 숨을 고르고
모든 것이 잠잠해진다

깊은 고요 속에서
나를 다시 찾아간다

어둠은 숨기지 않는다
나의 속삭임을 품고

빛이 닿지 않는 곳에서
진짜 내가 숨 쉬게 한다

불안과 두려움이 손을 잡고
어둠 속을 걸어가지만

그 안에서 조용히
또 다른 빛을 만든다

빛이 없다면
어둠은 길이 된다

피할 수 없는 시간처럼
어둠은 나를 감싸지만

그 안에서 나는
새로운 시작을 꿈꾼다

아무것도 보이지 않아도
그 깊은 어둠 속에서

내일을 향한 힘을
비로소 얻는다

어둠은 잠시일 뿐
그 끝에 빛은
언제나 나를 기다린다

희망의 빛으로

남겨진 흔적

작고 가벼운 손끝
하루 첫 흔적을 남기는 연필

그 끝이 닳아갈수록
내 생각은 점점 선명해지고

하나씩, 하나씩
세상의 색을 그려간다

하얀 종이 위에
단단한 마음을 풀어내며
조용히 내 이야기를 담는다

어디에선가
목소리도, 이야기도, 꿈도
잃어버리지 않도록
조심스레 남겨둔다

연필은 부서지기 전까지
새로운 시작을 선물한다
그래서 모든 것이
다시 시작될 수 있는 것처럼

지우개가 없어도
두렵지 않다

어떤 말도, 어떤 생각도
사라지지 않는다는 것을
알고 있기 때문이다

또 다른 흔적을 남기기 위해
끝까지 남아 있는 연필

나의 세계가
그 작은 끝에서
하나의 그림을 완성해 갈 때까지

손끝의 온기

차가운 바람 손끝을 스칠 때
장갑은 내 손을 감싸며
따뜻한 온기를 전해준다

부드럽게, 세심하게,
나는 또 다른 나를 만난다

한 번도 떨어진 적 없는 친구처럼
늘 곁에 있던 장갑
매일을 함께 살아가는 동반자

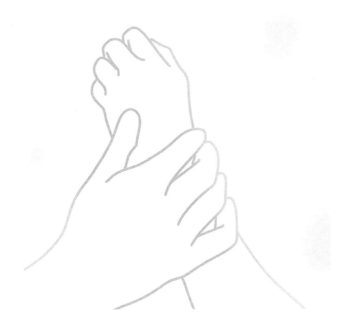

손끝을 잇는 실밥처럼
우리도 서로를 엮으며
세상과의 거리를 좁혀 간다

어디서나, 언제나
차갑게만 느껴지던 세상을
장갑은 조금 더 부드럽고
따뜻하게 만들어준다

어둠 속에서도
그 안의 빛을 찾아내듯
장갑 속에서 나는
세상과 손을 맞잡을 수 있다
그 작은 감싸임 속에서
나는 안정을 느끼고
세상의 찬 바람을 마주한다

그러나 이제는
그 무엇도, 그 누구도
내 손끝을 차갑게 할 수 없다

내 손은 언제나 따뜻하다
장갑이 있기에

꺼지지 않는 불씨

어두운 길 끝
잠시 멈추었다

한 걸음 내딛기 전
마음 깊은 곳에서
속삭이는 다짐

"오늘도, 내일도
어떤 어려움이 와도
두렵지 않게 나아가자."

다짐은 작은 불씨처럼
내 안에서 타오른다

기운이 빠진 순간에도
불꽃은 꺼지지 않고
다시 나를 일으켜 세운다

세상은 언제나
예상치 못한 파도처럼
흔들고 밀어내지만

내 마음속 다짐은
거친 파도를 넘는
단단한 배가 되어
앞으로 나아가게 한다

실패를 두려워하지 않겠어
길을 잃어도
다시 찾으면 되니까

매 순간
다시 다짐하며
오늘도 한 걸음씩
나만의 길을 걸어간다

다짐은 단순한 말이 아니라
내일을 만드는
마음의 약속

나를 믿고 나아가는
가장 강한 에너지

조용한 힘

작은 한 걸음이
시작이라 믿었지만

용기는 그보다 깊고
끝까지 나아갈 힘이 된다

두려움과 불안이
길을 막아설 때

용기는 어둠 속에서
조용히 불을 밝힌다

그 빛은 크지 않지만
넘어질까 망설일 때도
나를 이끌어 준다

때론 멈춰설지라도
용기는 내 등을 밀어주고
다시 일어설 수 있도록
나 스스로를 믿게 한다

누군가 손 내밀 때
따뜻한 목소리 들을 때
용기는 서로를 잇는
보이지 않는 다리

혼자일 때보다
함께할 때 더욱 단단해
크고 화려한 것 아니라
조용한 결심이지

그 작은 용기들이
차곡차곡 쌓이면
더 나아갈 수 있게
다시 한 걸음 부터
그게 용기지

5장
너에게 전하는 마음

사랑의 선물

그대 미소로
세상은 따뜻해지고

차가운 바람 속에서
마음은 활짝 꽃피네

잔잔한   그대 미소는
말보다 더 깊게 오래토록
내 가슴에 머문다

어떤 날은
지친 마음 감싸 안고

어떤 순간엔
밝은 그대 웃음이
온 세상의 빛으로

활짝핀 그대 미소가
우리 사이   다리 되어
조금 더 가까이
조금 더 오래 머물게 하지

말이 없이도
모든 것 전하는 미소
그 속에 담긴 그대 사랑은
세상 밝히는 희망의 선물

나는 오늘도
희망으로 빛난다
그대 미소 덕분에

너에게 전하는 마음

너에게 전하고 싶은 말들
수없이 쌓여 가지만

가슴속 차곡 차곡 쌓여
조용히 머물러 있다

어떤 말은 부드럽게
어떤 말은 거칠게

너에게 닿기를 바라며
말하지 못하고 쌓여지는 마음

너의 웃음, 너의 슬픔
그 모든 순간들이
내 안에서 숨 쉬고 있다

화려한 말이 아닌
온전히 너에게 닿을 수 있는
따뜻한 마음 전하고 싶다

네가 힘들 때
항상 네 곁에 있음을
세상이 어두워도
결코 혼자가 아님을
속삭여 주고 싶다

내 마음은 너를 향해
조용히 흐르고
그 흐름은 멈추지 않으리

너에게
그 무엇도 대신할 수 없는
진심을 전하고 싶다

꼬깃 꼬깃 쌓아둔
사랑하는 내 마음을

희망의 빛

비가 그친 하늘
구름 사이로 스며드는 빛
그곳에 피어나는
찬란한 무지개

그 빛을 따라가면
끝없이 펼쳐지는
또 다른 세상

비와 햇살이 손을 맞잡
하늘은 조용히 웃는다

빨강, 주황, 노랑, 초록,
파랑, 남색, 보라

하나의 선이 되어
하늘과 땅을 잇는다

일곱 가지 색이 함께 모여
비로소 완전해지는 순간

마치 내가 잃어버린 조각을
다시 맞추는 것처럼

무지개가 저 먼 곳에만
있는 줄 알았지만

가까운 곳,
내 마음속에서도
그 빛은 조용히 흐르고 있었다

희망은 멀고도 가까운 것
어둠 속에서도 찾아오는 것

일곱 색 무지개 바라보며
나는 깨달았다

언제나 내 삶 속에
어떤 색으로든 스며들어
빛이 되어줄 것임을

구름 속 이야기

구름은 하늘을 떠도는
꿈처럼 가벼운 존재
모양도 빛깔도 볼 수 없네

어떤 날은 부드럽게
어떤 날은 거칠게
하늘을 수놓으며 춤춘다

구름은 내 마음 닮았나봐
기분 따라 흩어진다

즐거운 날 호탕하게 웃다가
속상할때 검게 타는 울음
가끔은 조용히 차분하게

모든 변화 속에서도
구름은 멈추지 않고
하늘 가로질러 흘러간다

하늘 보면 그저 흐르지만
구름 속에는 바람이
나의 이야기가 담겨 있다

구름 흐르듯

내 마음도 흘러가고
멈춰 구름을 바라볼 때

나는 또 한 걸음
나 자신과 가까워진다

바람처럼

바람은 누구의 것도 아닌
그저 스쳐 가는 존재
어디서든 불어와
내 곁에 머문다

눈에 보이지 않아도
숨결 속에 깃들어
그 존재 느끼게 한다

바람은 조용한 위로
지친 마음을 어루만지고
다시 일어설 힘을 준다

때론 거세게 휘몰아쳐
길을 막아서지만
주저하지 않고
바람 속에서도 길을 간다

흔들리는 순간
더욱 단단해지며
앞을 향한 걸음마다
굳센 용기 더해 간다

바람은 자유로운 존재
끝없는 흐름 속에서
자유를 꿈꾼다

가볍되 강인하게
흔들리되 꺾이지 않고
바람처럼 우아하게
그렇게 걸어가고 싶다

봄 소식

살얼음 언 땅 두드리는
햇살 한 줌

속삭이듯 다가와
겨울잠 깨운다

가지 끝에 피어나는
연둣빛 설렘

꽃눈 틔우는 바람
그대의 속삭임

흙 속 잠들었던 뿌리에
그대 노래하면

감미로운 멜로디에
나는 춤을 춘다

겨울잠에서 깨어나
아름다운 꽃으로

활짝 피어나리
화사한 내일 꽃 피우리

그리움의 온기

시간이 흘러도
거리가 멀어도
그리움은 그 자리

바람처럼 스쳐가며
잊은 듯한 순간에도
조용히 나를 부른다

보이지 않아도
따스하게 스며들어
가슴속에 머문다

그대 손길, 목소리, 미소
떠오를수록 짙어지는 마음
지울 수 없는 온기

흔들리는 기억 속에
그리움은 피어나고
비워진 자리엔
언제나 사랑이 머문다

사랑의 그림자처럼
아름다운 미소로
너를 기다린다

꿈을 비추는 별빛

어둠 속 빛을 잃은 하늘
고요히 속삭이는 작은 별들

차가운 공기 속에서도
별빛은 고요히 나를 비춘다

소음 가득한 세상 속에서
그 빛은 묵묵히 기다리고

별빛 아래 서 있는 순간
그저 숨 쉬며 느낄 뿐

별빛은 나를 깨우고
잃어버린 꿈을 비추며

작은 빛 하나로도
어둠을 이길 수 있음을 말한다

그 빛을 따라 걸어가면
희망이 나를 품고있다

수많은 별이 반짝이는 밤
내 안의 꿈도 빛난다

6장
고요히 스며드는 시간

달력 속 시간

하얀 그릇 속의 시간

6월의 그림자

묶이지 않은 약속

비우는 길, 오르는 마음

달력 속 시간

한 장씩 넘길 때마다
조용히 지는 해처럼
날들은 어디론가 사라진다

벽에 걸린 달력 속
숫자들은 묵묵히
나의 하루를 헤아린다

봄이 오면 꽃잎처럼
설렘이 달력 위에 피어나고

여름이 오면 태양처럼
기억이 또렷이 빛난다

가을이 오면 낙엽처럼
지난날이 가슴에 쌓이고

겨울이 오면 눈꽃처럼
그리움이 소복 내린다

어느새
마지막 장을 넘기며
나에게 조용히 속삭인다
올해 나는 얼마나 빛났을까

새 달력이 손짓하는 내일
나는 또 얼마나 잘 살아갈까

다시 한 장을 펼친다
새롭게 살아가기 위해.

하얀 그릇 속의 시간

엄마 손끝에서
한 해가 둥글게 떠오른다

보드라운 쌀빛 물결 위로
속삭이듯 번지는 국물 향기

마음 깊은 곳까지 스미는 온기
첫 숟가락을 뜨면
어린 날 겨울이 녹아내리고
눈부신 새해가 혀끝에 닿는다

말랑한 기억이 하나둘 씹혀
지난날의 이야기가 흐른다

한 그릇 다 비우면
한 살 더 자란다는데
그건 나이보다 사랑이 쌓이는 뜻

국물처럼 흐르는 시간 속에서
우리는 서로를 익혀간다

오늘도 하얀 그릇 속에는
소복이 쌓인 추억과
내일을 향한 소망이 담긴다

6월의 그림자

길어진 하루
나뭇잎에 앉은 햇살의 무게

빛보다 짙은 초록
그늘 안쪽에 잠든 바람의 맥박

물오른 수국 한 송이
가슴속으로 스며드는 청보라

시간마다 짙어지는 하늘의 농도
햇살 끝에 맺힌 땀방울
이마를 타고 흐르는 계절의 문장

텃밭 가장자리엔
붉어지는 토마토의 망설임

장마를 앞둔 숨죽인 고요
잠자리는 저공비행 중

풀잎 위에 사뿐히 내려앉은
무게 없는 여름

책장 사이
머무는 작은 벌레 한 마리
베란다 너머
익어가는 오후의 정적

6월,
말을 걸지 않아도 다정한 계절
무성한 잎들 사이로
침묵마저 따뜻해지는 시간

묶이지 않은 약속

손목에 남은 계절 하나
가느다란 실
작은 구슬 몇 알
햇살을 꿰맨 듯한 기억

묶인 것이 아니라
머문 것

잡을 수도
끊을 수도 없는 사이
느슨한 마음의 무게
조용히 흔들리는 약속

조금씩 닳아가는 색
살결과 함께 익어가는 거리

잊었다고 생각했던 이름이
빛에 반사되어
다시 선명해지는 순간

말 없는 선물
언제든 풀 수 있지만
차마 풀지 않는
그리운 무늬 하나

비우는 길, 오르는 마음

이마 위에 맺힌 하늘
신발 밑에서 들려오는 묵직한 대화
숨과 숨 사이,
바위에 기대어 식히는 생각 하나

계단보다 깊은 마음의 경사
쏟아지는 땀보다 진한 고요
손잡이 없는 길
나뭇가지마다 매달린 어제의 무게

짙은 솔내음,
갈라진 발바닥 위로 스며드는 위로
오르고 또 오르는 동안
머릿속이 비워지는 풍경

절정이 아닌
멈춤마다 쌓이는 나
작은 풀잎 하나가
숨처럼 지켜본 흔적

7장
마음으로 돌아가는 길

마음에 흐르는 고향

산이 되는 나

개나리 꽃길

진달래 연가

함께 걷던 가을 길

마음에 흐르는 고향

마른 바람 스치는 길
어린 날 발자국이
낡은 돌담 기대어 숨쉰다

논둑길 따라 흐르던 기억
물빛처럼 흩어지고
철없던 웃음소리
바람 속에 남아 있을까

봄이면 개울가 버들강아지
손끝에 살며시 머물고
여름이면 매미 울음소리
달빛마저 깊어지던 곳

가을엔 황금 들녘 달리며
바람 따라 노래하던
겨울엔 장작불 곁에서
두 손 모아 온기를 나누었지

멀어질수록 선명한 곳
눈 감아도 떠오르는 곳
언제든 나를 반겨 줄
내 마음 깊이 흐르는 고향

그곳으로 돌아가고 싶다
그리움이 머무는 그 자리

산이 되는 나

이른 아침
안개 두른 연인 어깨처럼
나를 맞이한다

첫 발을 디디면
이슬이 속삭인다

"천천히 와도 돼,
산은 늘 이 자리에 있으니."

오솔길은
세월의 붓끝으로 그려낸 시(詩)

나뭇잎은 햇살을 받아
황금빛 물결로 반짝인다

바위는 긴 세월 견딘 노인의 미소
소나무는 하늘 향해 손 뻗은 아이

바람이 지나가며 귓가에 말을 건넨다 "너도 산이 될 수 있어."

정상에 오르면
세상을 품은 어머니 품에 안겨
마음 깊이 숨겨둔 꿈 하나를 꺼낸다.

"야호!"
크게 외치며
그 꿈을 하늘 높이 띄운다.

오늘. 나는 산 주인이 된다

개나리 꽃길

햇살이 문 두드리면
노란 웃음 번진다

바람이 속삭이면
봄 향기 가득하다

겨울 끝자락
얼어 있던 마음은
꽃노래에 해동되고

봄길 따라
세상은 온통 노란빛

꿈을 심듯
가지마다 피어난 꽃

따스한 기억이
꽃길이 된다.

진달래 연가

산허리가 붉게 물들면
봄이 손짓하네

부드러운 바람 따라
그리운 마음 꽃잎 되어 흩날린다

한 걸음 내디딜 때마다
분홍빛 설렘이 피어나고

햇살 한 줌 머금은 꽃잎
살포시 어루만지는 마음

머물다 가는 계절일지라도
너의 빛은 오래도록
내 마음에 남으리

함께 걷던 가을길

바람에 뜯긴 불빛
잎맥마다 스민 작별의 문장

서걱이는 시간 위를 걷는 오후
눈동자 끝에 번지는 붉은 숨결

발밑에 쌓이는 어제의 말들
기억처럼 타오르다 사라지는
살갗 위 계절의 손톱 자국

참아온 그리움
한 잎씩 흘러내리는 날

멀어지는 마지막 인사
가볍고 선명한 이별
빛보다 먼저 떨어진 마음

나무는 말없이 비우고
하늘은 낮게 내려와

단풍 사이로 속삭인다
고요한 끝맺음 하나

그 한 칸의 사이

마주 잡은 손끝에 머무는 떨림
말없이 고개 끄덕이던 오후

햇살보다 먼저 젖어든 눈동자
서로 마음 끝에 닿았던 쉼표 하나

붙잡지 않기로 한 약속
남은 온기까지 건네는 마음

멀어지는 뒷모습 바라보는 바람
지우지 못할 장면처럼 가슴에 걸린 색

이별이라 부르기엔
너무 조용한 작별
기억이라 하기엔
아직 살아 있는 온기

서로를 위한 거리
그 한 칸 사이에 남겨진
'소중함'이라는 이름

8장

봄, 너를 닮은 날들

미소가 머무는 얼굴

설렘을 신고 걷다

꽃빛으로 시작된 4월

벚꽃이 흐르는 길

핑크빛 첫사랑

미소가 머무는 얼굴

얼굴은 마음이 쉬어 가는 창
햇살이 스미면 웃음이 피어나고
구름이 드리우면 그늘이 내려앉는다

눈은 바람을 품고
코는 숨결을 기억하며
입은 말하지 않은 이야기까지 머금는다

그러다 어느 순간
입가에 살며시 미소가 내려앉으면
마음도 따라 포근해진다

햇살처럼 번지는 그 웃음에
세상은 한결 부드러워지고

시간이 머물다 간 자리마다
희미한 주름이 감싸 안는다

그 틈새로 흐르는 수많은 계절,
얼굴을 마주하면 마음을 만난다

그 안에 담긴 온기
그 안에 스며든 나날들을

설렘을 신고 걷는다

상자를 여는 순간
보드라운 가죽 냄새가
코끝을 간질이고

반짝이는 표면
꼿꼿한 끈
아직 한 번도 길을
밟아보지 않은 바닥

조심스레 밀어 넣으면
낯선 촉감이 나를 감싸고

한 걸음, 또 한 걸음
설렘이 바닥을 톡톡 두드린다

새 신발 신고 나선 날
길도 새롭게 반짝이고
바람도 가볍게 불어온다
하늘도 한층 높아 보인다

낯선 길도 두렵지 않다
이 신발이 나를 어디로든
데려가 줄 테니까

어느새 하늘도
더 푸르게 빛난다

꽃빛으로 시작된 4월

살랑이는 바람 끝에
향긋한 봄이 실려온다

겨우내 움츠렸던 마음도
꽃잎처럼 살며시 피어나고

부드러운 햇살 어깨를 감싸며
나뭇가지 위엔 꿈들이 맺힌다

설렘을 머금은 시간들
연둣빛 새싹으로 흔들리고

어제보다 한 뼘 더 환해진 거리
벚꽃 눈부신 길목마다
우리의 이야기가 피어나며
따스한 시작이 노래를 부른다

4월은 속삭인다
"다시 피어날 시간이라고."

벚꽃이 흐르는 길

하늘이 살짝 낮아진 듯
벚꽃 구름이 길 위를 덮는다

햇살에 부서지는 꽃잎들
눈부신 파도를 이루고

발끝에 내려앉은 분홍 물결
봄의 노래 속삭인다

가로수는 팔을 맞잡고
하얀 터널을 이룬다

강물 위로 조용히 흩날려
꽃비가 되어 흐르고

손끝 닿기도 전에 사라지는
어느 봄날 속삭임

그리움처럼 피어났다가
추억처럼 사라진다

머물고 싶은 순간
봄바람은 또다시
새로운 길을 부른다

핑크빛 첫사랑

네가 내 이름 부를 때마다
봄바람이 가슴속   스쳐갔어

눈 마주치면
벚꽃이 한꺼번에 흩날려
숨이 멎을 듯 가슴 뛰었지

너와 걷던 그 길은
햇살에 물든 분홍빛 거리였고

손끝이 스칠 때마다
새싹 속삭이는 소리가 들렸어

설렘은 사르르   솜사탕처럼
너와 함께한 시간은 봄날의 노래처럼 가슴 속을 맴돌았어

첫사랑이란
조심스럽고도 달콤한 거구나.
봄날의 분홍빛처럼

너는 내 마음을
가장 아름다운 색으로 물들였어

9장
바람이 지나던 자리

바람보다 먼저 감긴 마음

바람을 닮은 자전거

창문을 두드리는 아침햇살

빛을 따라, 길을 걷다

하늘을 딛고

바람보다 먼저 감긴 마음

구겨진 마음을 감싸던 오후
가벼운 천 위에 얹힌 햇살의 결

목을 스친 바람의 손끝
남겨진 온기 한 줄기

긴 겨울의 한숨
혹은 봄날의 망설임

향기보다 먼저 스며든 기억
마른 눈물 자국 같은 무늬

가방 속 깊숙이 접힌 그날
서랍 속 조용히 숨 쉬는 위로

이름 없는 계절 하나
천천히 감기던 목소리

눈 감으면 되살아나는
그때 그 숨결

바람보다 먼저
감싸주던 조용한 마음

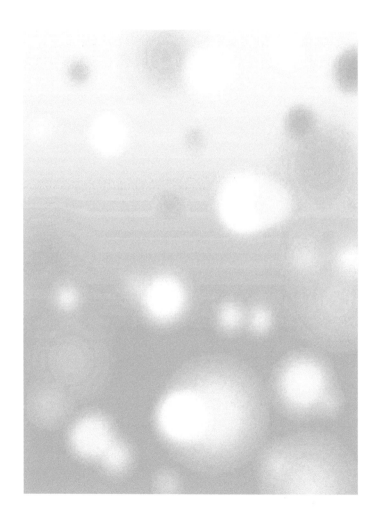

바람을 닮은 자전거

나의 자전거는
늘 어제보다 조금 더 먼 오늘을 향해
조용히 바퀴를 굴린다

페달 밟을 때마다
어린 날의 숨결이 흩날리고

햇살은 내 어깨 위에
작은 용기 얹어준다

길은 늘 같아 보여도
바람은 매일 다른 얼굴로
내 곁을 달린다

속삭이듯
등 뒤를 밀어주는 손처럼

오르막은 삶의 고비 같아
힘겹지만 멈출 수 없고

내리막은 짧은 기쁨 같아
순간을 놓치지 않으려 눈 감는다

가끔은
멈춰 서서 숨 고르고
뒤를 돌아본다

나를 따라온 길 위엔
희미한 웃음과
지나온 시간이

자전거 바퀴 자국처럼
남아 있다

어쩌면, 인생도
두 바퀴로 균형을 잡는 일인지도
넘어지지 않기 위해
계속 앞으로 나아가야 하는

나는 오늘도
자전거 타고
작은 자유를 품은 채
바람을 수놓는다

창문을 두드리는 아침햇살

아침햇살은
말 없이 다가와
나를 깨우는 인사

이불 끝자락에 앉아
오늘이라는 하루 건네준다

커튼 사이로 스며드는 빛은
오래된 편지처럼
따뜻하고 다정하다

"어디 다녀왔니?"
묻듯이
내 눈동자 쓰다듬는다

햇살은 언제나 먼저 도착해
잠든 마음 먼저 안아준다

바쁜 하루 시작되기 전
잠시의 고요 함께 나눈다

말 없는 햇살 속엔
수많은 말들이 숨어 있다

"괜찮아."
"오늘도 네가 빛이야."
"어제의 그림자도 안아줄게."

조심스레 하루를 일으킨다
기지개 켜듯
마음도 천천히 펴진다

텅 빈 방 안에
햇살이 차곡차곡 쌓이면
문득 깨닫는다

혼자인 듯해도
결코 혼자가 아니었다는 걸
행복한 아침에

빛을 따라, 길을 걷다

길 위에 서면
붉은 빛이 나를 붙잡고

멈추지만, 끝은 아니다
더 멀리 갈 힘을 모으는 순간

노란 바람이 스치면
망설임이 내 어깨 두드린다

두려움을 토닥이며
곧 펼쳐질 길을 본다

초록빛이 번지면
용기가 나를 밀어낸다

한 걸음, 또 한 걸음
어제보다 더 크게 내디딘다

멈춤이 있어도, 기다림이 길어도
빛은 속삭인다.

"앞으로 나아가."

나는 신호를 따라
나만의 길을 향해 달려간다

하늘을 딛고

하늘을 딛고
비틀거리는 발끝

낡은 나무 계단이
삐걱이며 나를 부른다

손을 뻗으면 먼지가 일고
손끝마다 스며드는 시간의 결

높이 오를수록
땀방울은 바람 되고
심장은 구름을 밀어 올린다

아득한 하늘 끝
손 닿을 듯 가까운 꿈이
나를 기다린다

두려움과 설렘이 맞닿은 자리
나는 오르고 또 오른다

하늘은 언제나
한 칸 위에서 부르고 있으니까(부른다)
사다리는 끝나지 않는다
나의 도전도

사다리는 끝이 없다
하늘은 언제나
한 칸 위에서 나를 부르니까

10장
손끝에 남은 온기

사과 한 알

별을 감은 손끝

기억을 품은 조각

입안에서 피어나는 달콤한 기억

손끝에 매달린 꿈, 풍선

사과 한 알

햇살 품은 작은 별 하나
나뭇가지 끝에서 반짝인다

붉게 익어가는 마음 숨기듯
살며시 바람에 흔들린다

달콤한 속삭임 간직한 채
손길 기다리는 사랑스러운 빛

손바닥 위에 내려앉으면
포근한 온기가 번진다

한입 베어 물면
별빛이 톡 하고 터지고

입술에 머문 달콤한 향기가
내 마음속에도 퍼진다

너에게 주고 싶은
노래 같은 향기

따스한 계절을 품은
사과 한 알

별을 감은 손끝

햇살을 녹여 빚어낸 듯한
손끝에서 반짝이는 작은 우주

서로의 하늘이 되어
고요히 시간을 비춘다

손가락에 감긴 황금빛 약속
마음 깊이 새겨진 별의 언어

차가운 밤에도 따스히 빛나며
우리 인연을 단단히 묶는다

눈부신 순간 품은 채
반지 속에 머문 설렘

온기와 영원을 간직한 채
오늘도 반지를 바라보며
우리 사랑을 확인한다

기억을 품은 조각

네 손끝에서 피어난
하얀 구름 조각 하나

눈물에 젖으면 바람이 되고
땀 머금으면 바다가 된다

봄에는 꽃잎 감싸 안고
겨울에는 두 볼 어루만지는
작은 품속의 온기

기쁨과 슬픔 닦아내며
조용히 스며드는 너

기억을 품고
향기로 접히는
나의 따뜻한 안식

입안에 피어나는 달콤한 기억

엄지와 검지 사이
동그란 사탕 굴려본다

햇살같은 유리 구슬
반짝이는 작은 세계

살며시 입속에 넣으면
차갑고 단단한 감촉
서서히 퍼지는 달콤함

조금씩 녹아들며
어느새 마음까지

어릴 적
할머니가 주신 사탕
울음 뚝 달래주던 사탕
친구와 나눠 먹던 사탕

작은 알사탕 속에
수많은 기억들

사각사각 깨물면
조각조각 퍼지는 추억들

입안 가득 퍼지는 알사탕
힘든 마음 녹여준다

손끝에 매달린 꿈, 풍선

풍선을 불며
조금씩 나를 불어넣는다
희망, 두려움,
비밀 하나쯤도 함께 담아서

붉은 풍선
노란 풍선
파란 마음들이
공중에서 조용히 흔들린다

어릴 적 울다가 웃던 기억처럼
가볍고 투명한 감정들

실을 감고 있는 손끝이
삶을 붙잡고 있는 마음처럼

가끔은 팽팽하고
가끔은 놓아버리고 싶어진다

날고 싶다
높이, 더 높이

누군가의 손에 매달린
풍선일지도 몰라
떠나면 슬플까 봐
남으면 무거울까 봐

하늘 위로 스르르 날아가는
풍선을 보면 마음 한 켠이
허전해진다

잃어버린 것이 아니라
언젠가 내 안에도
그렇게 떠난 무언가가 있었음을
문득 떠올리게 되어

그래도 풍선을 좋아한다
가볍게, 밝게
때로는 울컥하게

작고 둥근 그 안에
내가 말하지 못한 말들이

조용히 둥실 부풀어 오른다
나의 꿈들이

에필로그

당신의 마음에도 따스한 사이가 있기를.
이 시집은 거창한 이야기 대신 작고 소박한 장면들을
담았습니다.

잠시 멈춰서 가만히 눈을 감고
당신만의 '한 칸'을 떠올려 보세요.

그 안엔 아마
누군가의 손 끝, 따뜻한 말, 사라진 풍경,
그리고 당신 자신이 있을지도 모릅니다.

당신의 마음에 이 시들이 가만히 스며들기를,
그리고 오래도록 따뜻하기를.